AF586855

DISCOURS

Prononcé par M. Lautour-Mezerai, *maire de la ville d'Argentan, en présentant l'aigle impérial, destiné à être placé sur le principal clocher de l'église St.-Germain, de ladite ville, le* [illegible] *novembre* 1809, *jour du* Te Deum *chanté pour la paix conclue le* 14 *octobre dernier à Vienne, entre S. M. l'Empereur* Napoléon-le-Grand, *et S. M. l'Empereur d'Autriche.*

DISCOURS

Prononcé par M. Lautour-Mezerai, *maire de la ville d'Argentan, en présentant l'aigle impérial, destiné à être placé sur le principal clocher de l'église St.-Germain, de ladite ville, le   novembre* 1809, *jour du* Te Deum *chanté pour la paix conclue le* 14 *octobre dernier à Vienne, entre S. M. l'Empereur* Napoléon-le-Grand, *et S. M. l'Empereur d'Autriche.*

> Jupiter, chef des Immortels et souverain de l'univers, confia ses foudres à l'aigle, Napoléon-le-Grand en fondant la monarchie, adopta cet oiseau guerrier et lui confia son épée. Il ne s'en sert que pour la splendeur du trône et donner la paix.

Messieurs,

Il est d'usage de couronner d'un emblême la cîme des édifices religieux. Le principal temple de cette ville, qui fait l'admiration des étrangers, réclamait un pareil ornement; cette observation me fut faite il y a plus de trois ans par un militaire couvert d'honorables blessures, qui a pris et continue toujours de prendre le plus vif intérêt à ses concitoyens, dont il a reçu des témoignages honorables d'estime, de confiance et de reconnaissance : né en cette ville, il desirait que cet emblême attestât notre attachement au gouvernement et à son auguste chef, qui en est le fondateur. Le corps municipal et les autorités constituées que j'ai consultés, ont pensé de même ; les citoyens de toutes les classes y ont applaudi, ils ont demandé et ils ont obtenu la faveur d'être admis à contribuer à la confection de cet emblême, qui rappellera que la ville d'Argentan a été une des premières de l'empire à élever sur son principal monument le symbole durable de ses sentimens et de sa foi.

Je vous offre donc aujourd'hui, Messieurs, au nom du corps municipal et de tous les habitans, pour le sujet expressif de cette décoration, l'aigle impérial.

Cette offre ne pouvait être faite sous des auspices plus heureux qu'en l'attachant à de grands souvenirs, aux événemens glorieux qui ont régénéré la France, à tout ce qui s'est passé depuis, et à la paix que nous célébrons en ce jour ; événemens mémorables, dont chaque époque rappellera aux nations et aux générations les plus reculées, que le peuple français mérita le nom de grand, et que, gouverné par le plus sage et le plus grand des héros, il triompha de tous ses ennemis ; héros dont le génie, digne de l'admiration universelle, donna l'impulsion à l'Europe étonnée, fit des changemens heureux et plus utiles encore dans plusieurs gouvernemens, qui, délivrés de leur dynastie, de leurs préjugés, de leurs institutions, de leur intolérance superstitieuse, adoptèrent nos lois et le système politique dicté par cet homme immortel qui veut la paix et le bonheur du monde.

Je vais, Messieurs, actuellement donner quelques développemens aux motifs qui ont déterminé le choix de l'aigle impérial pour la décoration du sommet de notre principal édifice.

Le premier de ces motifs est l'adoption de cet emblème par l'Empereur, pour l'empire français : il est facile de prouver la justesse de ce symbole, qu'il lui convenait d'adopter pour sa personne, comme héros, et pour l'empire, comme son fondateur ; symbole noble et majestueux, que le grand peuple était digne de recevoir.

L'aigle est l'emblème de tout ce qui est grand ; chez tous les peuples, dans toutes les langues, le nom de l'aigle fut constamment pris dans l'acception la plus honorable ; il fut toujours une épithète noble, héroïque; il est l'emblème du génie, de l'élévation, de la victoire chez tous les peuples ; il fut même, par plusieurs de ceux de l'antiquité, assimilé aux êtres célestes ; il ne fut jamais appliqué aux choses communes.

La mythologie qui chercha à rendre par des formes humaines, la nature divine plus à la portée de la faible intelligence des mortels, vit dans les nobles et nombreux rapports de l'aigle avec la Divinité, dans sa majesté, dans sa forme, dans la hardiesse de son vol, l'être digne de la représenter ; il en fut le symbole, et fut même celui des dieux qui, dans l'ordre hiérarchique établi dans chaque classe, y tiennent le premier rang, celui du Soleil, d'Apollon, de Jupiter.

L'égyptien agriculteur adora dans son image le Soleil, chef des astres; le grec savant y reconnut Apollon, dieu de la lumière et chef des muses, et le romain conquérant honora en lui Jupiter, chef des immortels et souverain de l'univers.

Partout on le voit dans l'antiquité, chez des peuples remarquables par leurs lumières, être l'objet d'un culte religieux.

Chez les perses, la Divinité était représentée avec la tête d'un aigle, et sous cette forme elle était revêtue de tous les caractères de l'être suprême, du dieu chef d'ordre et de justice, principe de sagesse et de toute espèce de perfection, source de tout bien et de toute lumière.

Les phéniciens donnaient au bon génie la tête du roi des airs.

Dans cette idée distincte, l'aigle avait été reconnu le roi de l'élément céleste, et les observateurs anciens et modernes ont cru appercevoir en lui quelque chose d'impérial.

Ils lui reconnurent aussi cette vertu d'une noble indignation contre les êtres malfaisans, dans la haine décidée qu'ils lui virent manifester contre les animaux venimeux et les grands reptiles.

La poésie le qualifia toujours d'oiseau guerrier, d'oiseau sacré, de ministre de Mars, de ministre de la foudre.

Regardé par le paganisme comme un être à part

et comme intermédiaire entre la terre et les cieux, les hommes et les immortels, il fut placé par lui à côté de Jupiter, et ce dieu lui confia ses foudres.

Emblème et compagnon du maître du tonnerre, dans l'antiquité payenne, la religion s'en empara pour lui confier son char.

Noble et majestueux, support du livre des prières au milieu de ses temples, il fut désigné comme le symbole de l'église, autour duquel devaient se rallier les ministres des autels, pour chanter les louanges du Très-Haut.

Les nations savantes désignèrent toujours l'aigle pour exprimer un esprit pénétrant, l'éloquence sublime, un génie élevé; St.-Jean fut comparé à un aigle par les premiers chrétiens; il reçut d'eux un aigle pour symbole. Bossuet par son éloquence, Fénélon par ses ouvrages immortels, Fléchier, Massillon, Bourdaloue et autres grands orateurs, furent de nos jours désignés et cités comme étant les aigles du clergé.

Les grands hommes ont, dans tous les tems, adopté des emblèmes analogues à leur caractère; Napoléon a adopté celui d'un aigle. Jamais emblème ne fut d'une vérité plus exacte : dans ses marches à la guerre il en a le vol impétueux; dans les batailles, le coup-d'œil : pour contenir un ennemi opiniâtre il en a les serres; pour les français il en a les ailes qui les dirigent, les rendent valeureux et invincibles.

Par lui, l'aigle est devenu l'emblème de l'empire français, l'emblème de la force, de la grandeur et du génie; placé sur l'écusson de l'empire, il en est la sauve-garde.

Emblème de la justice, de la sévérité et du respect; adopté pour le sceau impérial, et empreint sur le livre des lois, il en assure l'exécution et la conservation.

Emblème de la valeur et de la discipline qui rendent les troupes invincibles; placé sur les étendards des légions, il promet et donne la victoire; placé sur ceux des gardes nationales, il rappelle aux citoyens de toutes les classes et de tous les états qu'ils ne sont point étrangers à l'honneur de défendre la patrie; qu'en tems de guerre, la sûreté de leur pays et des frontières peut leur être confiée, et que souvent elles sont appelées pour fournir des gardes d'honneur au Grand Napoléon, et toujours, à défaut de troupes, pour maintenir l'ordre et la tranquillité de l'intérieur.

Emblème de l'honneur de la patrie et du héros qui la gouverne, qui par son rare génie et sa sagesse profonde en assure le bonheur, la gloire et l'immortalité; placé sur l'étoile, il inspire la valeur, les talens, la noble ambition et attiré sur cette glorieuse décoration le sentiment du respect et celui d'une juste considération; décoration qui devient la récompense du militaire, du prélat, du magistrat, du fonctionnaire public, de celui qui cultive les sciences, les arts, et enfin de ceux qui sont assez heureux pour se distinguer, en rendant des services éclatans à la patrie et à son auguste souverain.

De tous les êtres, l'aigle est doué du coup-d'œil

le plus perçant, il est donc aussi l'emblême de la surveillance; il ne lui manquait plus que d'être élevé sur le sommet des temples, il y devient l'emblême de la patrie et du génie de Napoléon, planant sur tous les points de son empire, et portant par-tout ses regards de justice et de bienfaisance.

Habitans de la ville d'Argentan, vous jouirez du bonheur d'avoir élevé sur votre principal édifice l'aigle de l'empire; vos regards et ceux des étrangers y seront souvent portés, vous expliquerez avec plaisir à vos enfans les motifs qui ont fait adopter cet héroïque emblême, et vous aimerez à manifester les sentimens d'amour et d'admiration dont vous êtes pénétrés pour notre auguste souverain.

Vous direz aussi à vos enfans que cet emblême précieux, placé sur leur principal temple, est encore le symbole de la foi religieuse, qui doit leur rappeler que le premier devoir de l'homme est d'adorer l'être suprême, que la religion enseigne et demande la pratique de toutes les vertus, que son culte doit être public, tolérant et respecté.

Enfin vous leur direz que la ville d'Argentan est d'une haute antiquité, que les romains en firent la conquête avec le reste de la *Celtique*, qu'ils appelèrent *la seconde Lyonnaise*, que la ville d'Argentan fut nommée par eux *Aræ genua*;

Qu'après cette conquête, faite par Jules-César, du reste de la Celtique, qui comprenait les habitans du diocèse de Rouen, connus sous le nom de *vilocasses*; de celui d'Evreux sous celui des *eburovices*; de celui de Sées, sous celui des *sagiens*; de celui de Lisieux, sous celui de *lexoviens*; de celui de Bayeux, sous celui de *biducasses*; de celui d'Avranches, sous celui des *abrincates*, et de celui de Coutances, sous celui des *unelli*,

Ces peuples composèrent sept cités, et furent compris d'après la subdivision du pays, dans la seconde Celtique ou Lyonnaise, qui fut soumise à la république romaine par *Titarius-Sabinus*, lieutenant de César, environ soixante ans avant J. C.;

Que Clovis et les francs ayant conquis la partie septentrionale des Gaules sur les romains, la seconde Lyonnaise fit partie du royaume de Neustrie ou de la France occidentale, dont Paris fut la capitale, royaume qui échut en 511 à Childebert, quatrième fils de Clovis;

Que les rois de la première et de la seconde race régnèrent paisiblement dans le royaume de Neustrie, jusqu'au règne de Charles-le-Simple;

Que les normands, peuples du nord, qui s'étaient rendus célèbres depuis long-tems par leurs fréquentes excursions dans les provinces maritimes du royaume, s'emparèrent presque entièrement de la seconde Lyonnaise, faisant la partie occidentale du royaume de Neustrie;

Que Charles-le-Simple fut obligé de la céder par un traité en 912, à *Rollon*, chef de ces peuples et prince de Danemarck, à condition qu'il la tiendrait en fief de la couronne de France, et embrasserait la religion chrétienne, ce qu'il accepta; il fut baptisé sous le nom de Robert;

Que la Neustrie, en changeant de maître, changea aussi de nom, et prit celui de Normandie, du nom des peuples qui l'avaient conquise;

Que Rollon transmit la Normandie à ses descendans, et abdiqua en 927, en faveur de son fils qui se nommait Guillaume, dit Longue-Epée, auquel succédèrent;

Richard Ier. du nom, surnommé Sans-Peur, fils du précédent, qui monta sur le trône en 942.

Richard II, dit le Bon, fils du précédent, qui régna en 996, et mourut en 1027.

Richard III, fils du précédent, qui mourut un an après.

Robert Ier. dit le Magnifique, fils de Richard II, qui succéda a Richard III, son frère.

Guillaume Ier. dit le Bâtard, et ensuite surnommé le Conquérant, fils naturel de Robert Ier., qui fut appelé par le testament d'Edouard-le-Confesseur au trône d'Angleterre, qu'il fut obligé de conquérir en 1066.

Cette conquête qu'il fit avec les braves normands, le rendit maître de l'Angleterre; conquête qui ne doit point être oubliée des habitans de la ci-devant Normandie, appelés par les circonstances présentes à suivre l'exemple de leurs ancêtres, et à venger l'Europe outragée par le gouvernement de cette puissance insulaire.

Guillaume-le-Conquérant mourut en l'an 1087.

Robert dit Courte-Cuisse, fils aîné de Guillaume, lui succéda en 1087; il se laissa supplanter du royaume d'Angleterre par Guillaume-le-Roux, son frère, qui le força depuis à lui céder la Normandie.

A la mort de Guillaume-le-Roux, qui arriva en 1100, Robert-le-Courte-Cuisse rentra dans ses droits, mais il eut une seconde fois la faiblesse et la honte de se laisser enlever la couronne d'Angleterre par Henri Ier., du nom, son autre frère, troisième fils de Guillaume-le-Conquérant : il fut vaincu et fait prisonnier à la bataille de Timchebray, en 1106. Henri lui fit créver les yeux et le fit confiner dans une prison où il resta 28 ans; par ce moyen, Henri demeura maître de l'Angleterre et de la Normandie : il s'était fait couronner roi lors de la mort de Guillaume-le-Roux, son frère, en 1100 ; il mourut lui-même en 1135, d'un excès de lamproie, âgé de 68 ans. En lui finit la race masculine des ducs de Normandie; il ne laissa de son mariage qu'une fille nommée *Mahaud* ou Mathilde, qui épousa en premières nôces, en 1109, Henri V, empereur : elle devint veuve en 1125, et se remaria en 1129, à *Geoffroi de Pantagenet*, comte d'Anjou; ce qui fit passer en 1153 la couronne d'Angleterre et le duché de Normandie dans la maison d'Anjou.

De ce mariage, naquit dans la ville du Mans, le 5 mars 1135, Henri II, roi d'Angleterre, petit-fils de Henri Ier., marié à Eléonore de Guyenne, que Louis le Jeune avait répudiée ; par ce mariage, il devint maître de la Guyenne, du Poitou et la Saintonge; il mourut le 6 juillet 1189, et laissa de son mariage trois fils : le premier,

Richard-Cœur-de-Lion qui lui succéda et passa en Terre-Sainte, en 1190, avec Philippe-Auguste.

A son retour, il trouva le trône d'Angleterre occupé par Jean-sans-Terre, qui s'était aussi emparé de la Normandie, où il avait ourdi des menées et des cabales au préjudice d'Artus, duc de Bretagne.

Richard fut tué au siége qu'il mit, en l'an 1199, devant le château de Chalus.

Mathilde, sa mère, mourut quelque tems après la naissance de son petit-fils, le 10 septembre 1167: elle fut enterrée à Notre-Dame du Pré, près Rouen, aujourd'hui Bonne-Nouvelle.

Artus, comte de Bretagne, fils de Geoffroy, frère aîné, succéda; il eut pour compétiteur son oncle Jean, qui s'était fait proclamer, en son absence, duc de Normandie; il ne se contenta pas d'avoir dépouillé son neveu, il le tua de sa propre main en 1202; il fut ajourné, pour ce parricide et crime de félonie, devant la cour des pairs, par Philippe-Auguste, seigneur suzerain; il fut condamné à mort et privé des provinces qu'il possédait en France: Philippe Auguste le fit exécuter par une puissante armée, qui reprit toute la Normandie, qui fut réunie à la couronne de France.

Mais les brouilleries funestes des maisons d'Orléans et de Bourgogne donnèrent lieu aux anglais de s'emparer de nouveau de la Normandie et de la majeure partie du royaume de France; ils en furent chassés environ trente ans après par Charles VII; et Henri III céda, par un traité, toutes ses prétentions sur la Normandie.

Jusqu'à la fin du 14e. siècle, les rois de France donnèrent le nom de duc de Normandie à leur enfant premier né; mais celui de dauphin prévalut lors de la réunion du Dauphiné à la France : c'était une des conditions de la réunion.

Et pour continuer d'instruire vos enfans, vous leur direz que le roi Pepin fit reconstruire, en l'an 766, le château de la ville d'Argentan, que Waiffre, duc d'Aquitaine, avait fait démolir; qu'il fut depuis encore détruit, rétabli et repris par les anglais;

Que Philippe-Auguste donna, en 1204, la seigneurie d'Argentan à Henri Clément, premier du nom, maréchal de France;

Que Jean Clément, fils du précédent, succéda à son père, et fut confirmé dans ce domaine par Philippe, pour récompense des services militaires rendus par son père à l'état, par lui et ses descendans;

Que Henri Clément, deuxième du nom, lui succéda dans le même domaine;

Que ce domaine fut engagé, en 1588, en faveur de Marguerite de Lorraine, épouse d'Anne de Joyeuse, duc dudit nom, maréchal de France;

Qu'il fut, depuis, possédé par M. le comte d'Eu;

Et en dernier lieu, par Monsieur, frère de Louis XVI.

Vous leur direz aussi qu'il existait dans la ville d'Argentan, avant la révolution, quatre communautés religieuses, deux de femmes et deux d'hommes.

La première, la plus ancienne, était l'abbaye d'Almenesche, fondée vers l'an 700, par Sainte-Oppertune, qui en fut la première abbesse; elle fut détruite en partie dans les guerres, et rétablie par Roger de Montgommery, en 1060.

La seconde, les dominicains, fondée par Raoul

Osber en 1290, fut augmentée l'année suivante, par Philippe-le-Bel.

La troisième, le couvent de Sainte-Claire, fondée par Marguerite de Lorraine et de Bar, mariée en 1488 à René, duc d'Alençon, qui mourut le 1er. novembre 1492. Après cette mort, elle fonda le couvent en question, s'y rendit religieuse, et y mourut le 9 octobre 1580.

La quatrième et dernière, les capucins, qui furent introduits en l'an 1620 par Christophe Mahot, curé de ladite ville.

Nous ne parlons de ces anciennes communautés, que pour constater la haute antiquité de la ville d'Argentan...... Elles ont été supprimées, pour n'être jamais rétablies...... Une bonne école primaire et des manufactures seront, dans tous les tems, plus utiles et préférables; c'est aussi ce qui fut positivement demandé par le cahier de nos doléances, en 1789.

Vous ne leur laisserez pas ignorer cette particularité; et en continuant de leur parler de la ville d'Argentan, vous leur direz qu'elle est située au milieu d'une belle plaine, très-fertile, aux bords de l'Orne, fleuve dont le département tire son nom, près d'une grande et belle forêt, joignant, par une de ses extrémités, le village de Bierre, paroisse de Bailleul, où il existe encore un ancien camp des Romains, dont la construction singulière est décrite dans le recueil d'antiquités étrusques, grecques, romaines et gauloises (édition *in*-4°., 1761, tome 4, page 381, et les planches 115 et 116), et un second camp, nommé *le camp du Chatellier*, éloigné de celui de Bierre de cinq lieues, trois lieues au sud d'Argentan, près le hameau de Blanches-Landes, paroisse du Cercueil; que le plan de ces deux camps a été levé, en 1756, par M. Tresagues, sous-ingénieur des ponts et chaussées, qui y a joint des détails et des cartes.

Vos enfans sauront un jour, par vos soins et par vos récits, qu'une connaissance utile est la connaissance exacte de son pays; qu'elle conduit à celle de l'histoire de tous les peuples.

Vous leur direz que la ville d'Argentan fut très-commerçante; qu'elle a été, dans tous les tems, la patrie d'hommes distingués par leurs talens et leurs profondes connaissances; qu'en ce moment même elle est, à cet égard, au-dessus des villes de son ordre; que cela doit être pour eux un véhicule d'encouragement, qui doit les porter à l'étude et à la pratique de tout ce qui élève l'ame et forme les hommes; que le souvenir des Mezerai, historiographe, Lautour de Montfort, Lautour du Chastel, Crillu, Corbin, Fessier, Goupil-Préfeln, Barbot, Leguerney de Champ-Carré, et autres dont les familles sont toujours existantes, offre des exemples à suivre.

Vous leur direz aussi, pour ne rien leur laisser ignorer de l'historique d'Argentan, que l'impératrice Mathilde, mère de Henri II, roi d'Angleterre, donna à cette ville ses armoiries, qui étaient un aigle à deux têtes; que ce n'est pas par cette raison que l'aigle placé sur notre principal monument, a été par nous adopté; que ces anciennes armoiries ne rappellent que des souvenirs ordinaires, tandis que notre aigle impérial rappellera à la postérité la plus reculée, ceux du règne glorieux de Napoléon-le-Grand, qui, par sa valeur et son génie, a sauvé la France et fondé une nouvelle monarchie, qui est soutenue par une noblesse choisie dans toutes les classes de l'état, créée sans féodalité, et n'ayant d'autres priviléges que ceux que donnent le mérite personnel, qui seul assure des droits à l'estime publique et à la vraie considération; soutenue aussi par un clergé soumis aux lois, dont les ministres, vertueux et tolérans, se conformant en tout au saint évangile, prêchent l'obéissance au monarque, enseignent les vérités du christianisme, et sont les exemples et les consolateurs des fidèles; enfin, cette monarchie est soutenue par le grand peuple, délivré des anciens abus sous lesquels il gémissait; peuple invincible, qui admire son auguste souverain, complette ses armées, et s'ennoblit dans ses enfans, qui tous peuvent prétendre, par leurs talens et leurs services, aux places, aux décorations et aux dignités.

Il appartenait à Napoléon-le-Grand de vaincre les ennemis de la France, de rétablir la balance politique de l'Europe, et d'assurer par la suite la liberté des mers; enfin, il appartiendra à son règne d'exécuter tout ce qui est grand et avantageux pour les peuples. La ville d'Argentan, et toutes celles environnantes, verront se réaliser cet important projet de rendre l'Orne navigable, projet reconnu utile depuis deux siècles, et toujours ajourné.

Ce discours ne peut être mieux terminé, qu'en

faisant tous retentir les voûtes de ce temple des expressions qui doivent servir de ralliement au peuple français.

Vive l'Empereur!
Vive Napoléon-le-Grand!
Vive sa dynastie!
Vive la paix!

NOTA. L'auteur de ce discours se proposait de faire dessiner et graver l'aigle impérial, tel qu'il a été executé, afin d'en placer la gravure à la tête de chaque exemplaire; mais le peu de tems qui reste pour faire faire cette gravure, n'étant pas suffisant, attendu les circonstances, et que la fête ne peut être retardée, l'auteur se contente de donner à ses lecteurs l'explication et la description exacte de l'aigle et de ses accessoires.

Cet aigle à 4 pieds 11 pouces de hauteur, sur 5 pieds 11 pouces d'envergure. Il est surmonté d'une couronne impériale proportionée, laquelle se trouve elle-même surmontée d'un paratonnerre dont la lance traverse le corps de l'oiseau guerrier, et sort par l'extrémité perpendiculaire de la croix.

Cet aigle, d'une forme antique et belle, porte dans son bec une couronne d'olivier, emblème de la paix; il est posé sur un foudre de guerre et sur une boule représentant le globe du monde. Il tourne sur un pivot monté sur une pierre d'agate; son mouvement est tel que l'air le plus léger frappant l'aile droite entièrement développée, le fait facilement mouvoir, ainsi que le foudre ; de manière que les vents sont indiqués par les quatre lettres initiales qui sont attachées à un cercle ou quadrille qui fait le tour du globe qui est fixe ; un des bouts du foudre sert d'indicateur ; la tête de l'oiseau céleste en sert également, étant tournée du même côté, qui est celui de l'aile rentrante.

Cet aigle impérial, ses décors et tous ses accessoires forment un admirable ensemble ; tout est travaillé, ciselé et établi avec la plus grande solidité et dans le plus beau style ; la dorure est aussi parfaitement soignée.

M. Nicolas-François Duchesne, demeurant à Paris, est l'habile artiste qui a entrepris et terminé cet ouvrage en moins de six semaines ; ouvrage qui a été conçu et exécuté par les soins de M. le général Lautour, ex-membre du corps-législatif, l'un des commandans de la légion d'honneur.

M. Duchesne s'est transporté à Argentan ; il a remis à M. le maire le grand dessin de l'aigle, pour être déposé à la Municipalité. Cet habile artiste a fait faire sous ses yeux les échafaudages, et il placera lui-même, aux cris répétés de *vive l'Empereur*, *vive Napoléon-le-Grand*, l'aigle en question, sur le principal clocher de l'église Saint-Germain ; clocher justement admiré de tous les étrangers : il se termine en dôme, il a près de deux cents pieds d'élévation ; on l'apperçoit de très-loin, et on le voit de tous les côtés.

www.ingramcontent.com/pod-product-compliance
Lightning Source LLC
LaVergne TN
LVHW052033160826
845678LV00003B/1318

* 9 7 8 2 3 2 9 6 3 6 9 3 1 *